EL PERDÓN

EL PERDÓN

ESTELA SOTELO

Para pedidos de copias adicionales de este libro, por favor contáctenos en:
Palibrio
1663 Liberty Drive
Suite 200
Bloomington, IN 47403
Llamadas gratuitas desde España 900.866.949
Llamadas gratuitas desde EE. UU. 877.407.5847
Llamadas gratuitas desde México 01.800.288.2243
Llamadas internacionales +1.812.671.9757
Fax: 01.812.355.1576
ventas@palibrio.com
428399

ÍNDICE

PARTE I

PARTE II

Dedicado a mi padre Don Miguel Justiniano Sotelo

In memorian

PREFACIO

Escribo este libro, ante lo que yo creo he detectado, como una gran necesidad para saber cómo perdonar, cómo pedir perdón, con el fin de restaurar heridas, a veces, instaladas por años. Precisamente, por no saber cómo resolver esas heridas.

Ante la necesidad es que me he decidido.

Cuento aquí en un resumen sintetizado, el fruto de mis propias investigaciones uniendo dos ciencias: la Teología y la Psicología, con lo que entrañan cada una de ellas.

Sin pretender, por ello, hacer una Teología del Perdón, ni una Psicología del Perdón.

Es un resumen, porque he querido que no sea un libro de mediano o gran tamaño, sino de bolsillo, un libro de autoayuda. Es una síntesis, porque la síntesis es la reunión de varias cosas, en este caso concreto, la teología y la psicología, más la experiencia propia y ajena.

He querido, también, llegar a toda la población lectora y plausible de serlo: sin requisitos académicos, (a efectos de la comprensión) ni socioculturales, ni siquiera con el "requisito" de pertenencia a alguna iglesia determinada, sea creyente o no. Este librito está concebido para todos.

Lo he concebido como una especie de Manual del Perdón, (si se me permite y es posible, tamaña empresa) para acudir a él cuantas veces lo necesitemos, como simples seres humanos que somos todos.

También he pensado escribir en una forma sencilla y amena, como ocurre en una charla íntima entre amigos, por ejemplo. Yo en este caso, quisiera ser la amiga de mis lectores, y pretendo servirles en algo.

He utilizado historias personales, porque es más fácil comentar lo que le ocurrió a uno mismo, y, porque no necesita la autorización de los demás al ser una experiencia propia.

En suma, lo he escrito como una necesidad personal y al alcance de todos los demás.

El perdón acerca a los que estaban lejos.

Podría haberlo enfocado de otra manera. Por ejemplo, desde una tesis doctoral (siguiendo un poco el modelo de ésta) hasta un tratado debidamente documentado.

Pero, entonces, tal vez, ya no se percibiría como para toda la población lectora, les guste el género literario que les guste.

Este librito es fruto de mi propia reflexión.

Este libro me ha servido a mí en primer lugar, y, deseo vivamente sirva a todos los demás. Es mi sincera contribución a mis semejantes.

Estela Sotelo Kimmel

EL PERDÓN

El tema del día era resentimiento y el maestro nos había pedido que lleváramos papas y una bolsa de plástico.

Ya en clase elegimos una papa por cada persona que guardábamos resentimiento.

Escribimos su nombre en ella y la pusimos dentro de la bolsa. Algunas bolsas eran realmente pesadas.

El ejercicio consistía en que durante una semana lleváramos con nosotros a todos lados esa bolsa de papas.

Naturalmente la condición de las papas se iba deteriorando con el tiempo. El fastidio de acarrear esa bolsa en todo momento me mostró claramente el peso espiritual que cargaba a diario y cómo, mientras ponía mi atención en ella para no olvidarla en ningún lado desatendía cosas que eran más importantes para mí.

Todos tenemos papas pudriéndose en nuestra "mochila" sentimental.

Este ejercicio fue una gran metáfora del precio que pagaba a diario por mantener el resentimiento por algo que ya había pasado y no podía cambiarse.

Me di cuenta que cuando hacía importantes los temas incompletos o las promesas no cumplidas me llenaban de resentimiento, aumentaba mi stress, no dormía bien y mi atención se dispersaba.

Perdonar y dejarlas ir me llenó de paz y calma, alimentando mi espíritu.

La falta de perdón es como un veneno que tomamos a diario a gotas pero que finalmente nos termina envenenando.

Muchas veces pensamos que el perdón es un regalo para el otro sin darnos cuenta que los únicos beneficiados somos nosotros mismos.

El perdón es una expresión de amor.

El perdón nos libera de ataduras que nos amargan el alma y enferman el cuerpo. No significa que estés de acuerdo con lo que pasó, ni que lo apruebes.

Perdonar no significa dejar de darle importancia a lo que sucedió, ni darle la razón a alguien que te lastimó. Simplemente significa dejar de lado aquellos pensamientos negativos que nos causaron dolor o enojo.

El perdón se basa en la aceptación de lo que pasó.

La falta de perdón te ata a las personas desde el resentimiento. Te tiene encadenado.

La falta de perdón es el veneno más destructivo para el espíritu ya que neutraliza los recursos emocionales que tienes.

El perdón es una declaración que puedes y debes renovar a diario.

Muchas veces la persona más importante a la que tienes que perdonar es a ti mismo por todas las cosas que no fueron de la manera que pensabas.

"La declaración del Perdón es la clave para liberarte".

¿Con qué personas estás resentido?

¿A quiénes no puedes perdonar?

¿Tú eres infalible y por eso no puedes perdonar los errores ajenos? "Perdona para que puedas ser perdonado"

"Recuerda que con la vara que mides, serás medido…"

Anónimo

PARTE I

CAPÍTULO 1

Yo perdono, tú perdonas, él perdona, nosotros perdonamos...

El carpintero se estaba demorando, me había prometido que tendría terminado el armario, para dentro de un mes y ya llevábamos tres meses esperando.

En la casa que vivíamos ahora, estábamos muy bien, muy cómodos. Sólo faltaba ese armario para que coloquemos en él nuestra ropa, y demás objetos personales, mi marido y yo.

Antes de comprar esa casa yo había dispuesto que mi habitación sea la última en estar debidamente equipada, porque mi marido Luis y yo nos arreglaríamos, pero si de nosotros dependiese queríamos que nuestros hijos estén bien cómodos desde el primer instante.

Sí, mi habitación sería la última, aunque yo no podría haberme imaginado cuán última sería en realidad. Pero no por mí, ni por mi familia, sino por el carpintero.

Teníamos nuestras cosas en las maletas abiertas en el suelo, las maletas nos servían de armario desde hacía ahora ya más de tres meses. Mi mente se adaptó a la situación pensando en que aquello era como vivir de camping, mucho más tiempo que un fin de semana, incluso, una temporada.

Por momentos me daba cuenta que estaba harta de vivir así, y entonces ocurría lo peor: cuando yo le contaba al señor carpintero, como me las tenía que arreglar con nuestra ropa metida en las maletas, y éstas por el suelo, él no mostraba la más mínima consideración, no lograba yo conectar con él, el no se daba por enterado, no tenía una palabra amable para mí, en fin, nada de empatía.

Lo que hacía que pensara: "no se te ocurrirá ahora que este señor se muestre empático cuando todas las secuencias de comportamientos hasta aquí han demostrado precisamente lo contrario". Sólo a mí se me ocurriría tener esa esperanza, con el consiguiente resultado, lógicamente predecible.

Entonces ocurrió algo que yo no había anticipado. Cuando una tarde llamé a la carpintería por enésima vez, la recepcionista-secretaria me pidió perdón. Yo entendí que era en representación de su jefe.

Ella sabía la historia perfectamente, y se solidarizaba conmigo, pidiéndome perdón cuando ella no tenía ninguna responsabilidad en la tardanza y sí había sido siempre responsable en su puesto de trabajo.

Espero que ese jefe haya sabido valorar a esa secretaria con esos valores que yo iba descubriendo, valores que ella tenía pero él, no, por lo menos que me lo demostrara.

En realidad ella era la última persona de ese taller-carpintería, que debía pedirme perdón por algo. Y la primer persona era su jefe, pero el no lo hacía y ella sí.

La situación era hasta graciosa, ya que allí había algo equivocado. ¿Qué debía hacer yo con ese perdón ofrecido con sinceridad, de forma espontánea, pero no por la persona correspondiente?. Por supuesto lo acepté, aunque en nombre de la empresa y de su dirección; ella no debía sentirse culpable por nada.

Esta es una anécdota real y personal que creo ilustra una situación que a veces se da, y que no es del todo correcta.

Mi padre y mi hijo mayor, una tarde decidieron salir juntos en lancha para cruzar el río Paraná hasta una isla con una hermosa playa según el nivel del agua en las diferentes épocas del año. Aquella lancha-velero la compramos en sociedad, por lo que el sistema de uso, era el siguiente: pedíamos turno para utilizarla. Esa mañana una familia la tendría, y a una hora acordada la dejarían en la costa para que por la tarde la usaran mi hijo y su abuelo.

Para los que conocemos los lazos entrañables que se tejen entre los abuelos y los nietos, (tan necesarios, por otra parte para la educación y formación de los menores), teniendo en cuenta esto, entenderemos mejor esta anécdota.

Mi casa estaba lejos de mis padres y de mis suegros, por lo tanto mis hijos se criaron con abuelos que pasaban por casa de visita cuando podían. De modo que era primordial que al llegar un abuelo el niño compartiera horas, actividades, espacio, tiempo, diálogos, vivencias, etc. agotando esas horas bien aprovechadas.

A la hora convenida, la lancha llegó hasta la orilla, ellos llevaban gasolina en unos bidones para pasear en lancha toda la tarde, hasta la hora de los mosquitos: la puesta de sol.

Pero la familia no se quedó en la orilla sino que se quedaron en la lancha, los pasearon por un momento por el río y los "abandonaron" en la orilla. Trato de no imaginarme esa escena, sólo cuando pasó lo visualicé y me hizo tanto daño que no lo hice nunca más. Pero hoy la voy a describir.

Puedo ver a mi padre y a mi hijo de pie a orillas del río con los bidones sin usar, en las manos, viendo como una hermosa tarde compartida solo por ellos dos se desvanecía a la misma velocidad en que se distanciaba en el horizonte la lancha. Aquellas dos siluetas de espaldas a mí, durante la visualización, fueron absolutamente dolorosas, por lo inapropiado e injusto. No había habido malentendido, además tanto mi padre como mi hijo sabían conducir la lancha, tenían las autorizaciones pertinentes; simplemente hubo un cambio de planes de forma unilateral sin comunicación, sin consideración, sin ética de forma despersonalizada y deshumanizada para los que las padecieron.

Mi padre se llevó siempre bien con sus semejantes, algunas veces al costo de no decir nada. Sin embargo a mí me parecía que esto era causa de reclamación. Por lo menos para que se dieran cuenta de lo que habían hecho y de que nunca más cometieran ese tipo de error, si así lo decidiesen.

Lo reclamé explicando como habíamos visto, vivido y sufrido aquella situación. Pasaron los años.

Mi padre y yo elaboramos un plan para que por lo menos él venga a visitarnos al país que habíamos emigrado, España, con motivo también de un Congreso Mundial que se desarrollaría en Holanda y al que asistiríamos con él.

Unos meses antes mi amado padre murió. La última vez que yo lo había visto fue en Estados Unidos, en casa de mi única hermana.

Con dolor en mi corazón llegué a Holanda. La vida debía continuar, la vida y sus planes, aunque algunos de ellos debían ser modificados, por fuerza mayor.

De pronto ocurrió. Fue inesperado, realmente. Allí frente a mí se hallaba aquella persona a quien yo años atrás había reclamado por lo de la lancha de aquella olvidada tarde.

Estaba allí, disponiéndose a subir en su autobús que lo llevaría a su hotel. El sí, estaba en Holanda y mi padre, pobrecito, no. Y él me pedía perdón a mí.

Claro como yo era la persona "reclamadora" había entendido que era a mí a quien tendría que pedir perdón. El no sabía que mi padre había muerto. En realidad yo simplemente le ofrecía con mi reclamación que, si quería hacerlo, le pida perdón a las personas directamente afectadas. Yo simplemente era una persona indirectamente afectada. Con el perdón pedido a ellos, a mí ya me bastaba.

Este es otro caso de conductas equivocadas, si también entendemos por conductas los sentimientos, conceptos y actitudes que desembocan en las conductas más observables.

Ruth estaba allí, creando una situación algo grave, pero lo único que se le ocurrió decirme fue: lo siento. Yo la miré. Aquella era una frase hecha que no cumplía con ningún requisito, no podía yo saber si era consciente del daño causado ni tampoco si estaba realmente arrepentida. "Lo siento" no alcanzaba, no bastaba, no era suficiente. Gracias a Dios y a ella, por lo menos había dicho eso. Pero "lo siento" no alcanzaba, no bastaba, en suma, no era suficiente.

Hasta aquí hemos visto tres casos que pueden darse en la realidad, y de hecho, se dan:

1° caso: la persona que pide perdón, no es la persona que tiene que hacerlo.
Desde luego es la persona que está en "atención al cliente", es decir, es la voz amable y/o la "cara" de la empresa.

2° caso: la persona que pide perdón, se lo pide a la persona equivocada. Lo que revelaría una carencia de comprensión ante la situación.

3° caso: la persona que pide perdón se lo pide a la persona indicada, pero de forma inadecuada. También revelaría una carencia de comprensión y de empatía, no comprendiendo la magnitud del daño ni de cómo afecta a la otra parte.

No nos descorazonemos, es cierto, el arte del perdón tanto para el que lo da como para el que lo recibe, nos abre un mundo mejor, para nuestras relaciones interpersonales, para nuestra inteligencia emocional, para que nuestro mundo de sentimientos, esté en orden, y seamos más felices. Pero es un arte y hay que conocerlo.

Por lo que se desprende, que para ser más felices sabiendo manejarnos en nuestro mundo de relaciones, interrelaciones personales, debemos conocer y dominar el arte del perdón.

De hecho, las alteraciones, desórdenes, en suma, problemas emocionales, pueden desembocar y desembocan en depresiones, ansiedades, angustia, estrés, fobias sociales, baja autoestima, cáncer, enfermedades cardiovasculares, incluso alguna investigación parecería indicar algún tipo de demencia senil (por ejemplo, Alzheimer), etc.

Ya los chinos, con lo antigua de su civilización, nos han dicho que muchas enfermedades son y/o derivan de problemas emocionales no resueltos.

¿Vemos, entonces, la importancia de este tema?

Mucho se dice sobre el perdón pero ahora pretendemos explicarlo.

No cabe duda de que el que otorga el perdón sale aun más beneficiado que el que lo pide. Esto es así no sólo porque es más feliz *el que da que el que recibe* ("mas bienaventurado es el que da que el que recibe" Lucas 6; 31), sino que también el que da, en este caso el perdón, es aquel que está más dañado, el más afectado. Por fin puede ir liberándose de sentimientos y pensamientos incompatibles para ser realmente felices.

Porque no es compatible, estar amargados, "rumiando" el daño que nos causaron, construyendo de este modo una "personalidad rumiante" (así es como lo llamo yo) que puede derivar en maquinaciones de venganzas y en pensamientos obsesivos, que no nos traen paz ni descanso. Sólo traen rencor, amargura, odio, enfermedad. No somos animales rumiantes. Lo importantes es digerir lo más pronto posible el daño.

Aquí ya podemos decir que "no hay peor tonto que aquel que pudiendo ser feliz, no lo quiere ser"

Pero: ¿no quiere o no puede?

CAPÍTULO 2

Para poder, debemos conocer, por esto la razón de este libro

Empecemos por conocer qué es el perdón.

¿Qué es el perdón?

El perdón es un proceso.

Como todo proceso tiene su tiempo diferente de duración. Hay cosas que se pueden hacer para que el proceso dure lo menos posible, obteniendo la paz antes.

¿Qué es lo que nos ayuda para perdonar al otro más rápido, si cabe?

Ver, observar que empieza por reconocer que lo que ha hecho está mal, que conoce exactamente la naturaleza del hecho y el daño causado, las implicaciones y derivaciones, consecuencias de lo que hizo, que se sienta mal de verdad, y que todo esto lo lleve al arrepentimiento y a la consecuente necesidad de pedir perdón y desear vivamente que se lo otorguen.

He aquí una palabra clave: necesidad.

El perdón como necesidad, una necesidad muy importante

Cuando somos adultos es cuando mejor nos damos cuenta que, el perdón tanto para el que lo pide como para el que lo da, se convierte en una necesidad básica para nuestra supervivencia emocional.

De lo contrario hasta podríamos acarrearnos diversos trastornos mentales, rasgos obsesivos, depresión, etc. además de daños físicos, como alteraciones en el cerebro, neurotransmisores, etc., úlceras, problemas cardiovasculares, aumento de posibilidad de contraer algún tipo de cáncer, etc., como seres holísticos que somos.

Necesidad para tener y mantener una salud emocional, relacional, social, física y espiritual.

La duración del proceso del perdón

El tiempo del proceso en nosotros y en el otro no lo determina nadie, y mucho menos nosotros si hemos sido los victimarios, los ofensores. El tiempo no es siempre el mismo hay diferencias porque son diferentes las circunstancias y las personas, incluso es diferente en la misma persona.

Podemos ayudar y ayudarnos, pero no determinar la duración, Si decimos esto, entendemos que no estaremos en situación de pedir, ni mucho menos exigir que alguien nos perdone, ya, en este momento.

Como me pasó a mí en el segundo caso descrito en la introducción al tema. Aquél señor, en Holanda, con un pie ya en el autobús, me estaba exigiendo que le perdone, ya, en esos segundos que tenía para subirse y marcharse. Yo no pude darle una respuesta entonces: dependía de la duración del proceso.

Además del proceso del duelo por el que yo me encontraba, que dificultaba enormemente el que yo pensara con claridad y otorgase un perdón que no me correspondía a mí otorgar, en realidad, sino a mi padre y a mi hijo, pero mi padre estaba muerto, no pudo llegar a Holanda y esta persona, sí. (El hecho de que esta persona haya llegado a Holanda, inexplicable pero cierto, para mí en ese momento era un hecho a tener en cuenta). Aquello reabrió mi herida, porque en realidad yo ya había estado en franco proceso de curación y de perdón hacia esta persona, pero al ver su incomprensión y la situación en que se daba, que él creaba, me sentí incapaz.

¿Qué hay que hacer en estos casos?

Simplemente dialogar, aclarar debidamente los hechos, daños, etc. y si vemos que la otra persona lo comprende, lo entiende del modo adecuado será más fácil para ambos realizar el camino correcto del proceso del perdón.

El señor en Holanda debía pedir perdón a mi padre y a mi hijo, luego contestarme a mi reclamación, pero él empezó el camino del revés: empezó por mí, teniendo tantos años para arreglarlo.

Pero en la situación en que yo me encontré en Holanda, en la situación en que me puso esta persona, era hasta ridícula, porque era totalmente equivocada y sobre todo porque no me otorgaba el mínimo tiempo necesario para que hablemos.

Cuantas veces nos comportamos así, exigiendo lo que yo llamo "el perdón express", "aquí y ahora", "aquí te pillo y aquí te mato" dicho de otra manera.

Debemos ser respetuoso con el otro, pedir perdón desde la humildad, respetando que el otro quiera hacerlo y pueda hacerlo, respetando su tiempo, el tiempo del proceso en los demás.

CAPÍTULO 3

El "perdón express"

El "perdón express" se da mucho en el caso de los maltratadores domésticos, exigen a sus víctimas que se los perdone en el mismo momento, cuando la víctima así lo hace porque cree en su arrepentimiento, porque lo ama, y/o porque le teme, el maltratador obtiene un cheque en blanco, una vez más, para hacer con el lo que quiera, encontrándose su víctima más desamparada y en mayor peligro que antes.

Al maltratador le compensa hacer lo que impulsiva y compulsivamente quiera hacer, total no le cuesta nada obtener el perdón.

Por lo que se desprende que debemos tener la humildad necesaria no sólo para ir hasta la persona afectada, sino también para no exigir ni el perdón ni el tiempo de duración de dicho proceso.

La persona maltratada, siga viviendo o no con su maltratador, debe contestarle que necesita ayuda de su parte para poder perdonarlo, viendo como él hace el esfuerzo necesario en cambiar sus sentimientos, pensamientos, actitudes y conductas. Porque si le interesa realmente cambiar, buscará toda la ayuda, construirá una red de apoyo para que el cambio, poco a poco, se produzca.

Debemos acudir a Lucas 17: 3,4, que nos dice: "mirad por vosotros mismos. Si tu hermano pecare contra ti, repréndele, y si se arrepintiere, perdónalo. Si te ofende siete veces al día, y otras tantas vuelve arrepentido y te dice 'lo siento', perdónalo." La condición *sine qua non* es, por lo tanto, que haya arrepentimiento, un arrepentimiento genuino. Esto lleva necesariamente a un tiempo, donde se podrá ver el cambio de actitudes y conductas. Precisamente ese perdón diferido, porque se necesita un tiempo, hará que la víctima y el victimizador sean más conscientes de ese cambio. Y, esto redundará en beneficio para ambos, pero sobre todo para la víctima que se verá más protegida. Tomará una decisión en un momento de calma, en frío. Se puede suponer que una decisión tomada así será mejor.

No debemos pensar que la otra persona está obligada a perdonarnos.

Y, mucho menos que está obligada a perdonarnos, de forma instantánea, cuando nosotros queramos.

CAPÍTULO 4

¿Cómo pedir perdón?

Entonces, ¿cómo pedir perdón? ¿Cuál es la forma correcta?

Teniendo en cuenta, siempre, que no podemos exigir que la otra persona nos perdone, la forma de dirigirnos a quien infringimos algún daño es más ó menos esta:

a) Primero debemos aclarar que reconocemos la falta.
b) Luego hablar sobre la falta concreta y dar a entender, que la otra persona sepa, que comprendemos nuestro error y las consecuencias de nuestros actos.
c) Ofrecer nuestras disculpas o el pedido de perdón.
d) Poner a disposición también, un modo de ayuda, de nuestra parte, para lograr ese perdón de la otra parte, de la persona afectada.

Este sería el orden con el que nos vamos a manejar ahora, para explicarlo paso a paso-

a) Debe quedar claro nuestro reconocimiento de nuestro error- Esto significa decirle a la otra persona que sabemos en qué no hemos obrado bien, que lo reconocemos, que nos damos cuenta de todo lo ocurrido.

b) Hablar sobre la falta concreta, no en forma figurada, con eufemismos, en forma de parábolas, etc. sino concreta. Qué es lo que hicimos mal y sus implicaciones, derivaciones, consecuencias incluso posibles y probables. Esto no debe ser para machacarnos aún más nosotros y sentirnos más culpables, sino para dar muestras eficientes y eficaces del conocimiento de los hechos, que tenemos.

c) Pedir el perdón correspondiente, sin poner límites de tiempo, ni exigencias en cuanto a la otorgación del mismo.

El proceso puede durar un segundo como un año, por ejemplo. Pero siempre es un proceso.

Sin embargo, aún siguiendo todo estos pasos, no nos alcanza el conocimiento intelectual de los hechos, es imprescindible entrar en el conocimiento del dolor. Se deben implicar los sentimientos, porque si no sentimos arrepentimiento, ni aseguramos volver a caer en lo mismo pronto, ni es suficiente para que nos otorguen el perdón. Ya diremos más adelante el porqué.

Por lo que tenemos que saber que es necesario implicar tanto nuestro intelecto como nuestros sentimientos, a favor de la otra persona.

Una vez cometí una falta, y al día siguiente cuando volví a ver a aquella persona, le pedí perdón y ella me dijo: "en el mismo momento en que tu me lo decías, yo te estaba perdonando" aquí aparece el tiempo del proceso para perdonar, de forma simultánea, paralela al momento de la ofensa, cuando yo fui a pedir perdón, ese perdón ya me había sido otorgado, y yo no lo sabía, fue precioso descubrirlo.

Al respecto del punto a) recuerdo que cuando era niña mi madre me envió a la casa de una vecina a pedir su perdón, yo le dije: "no sé exactamente porque debo pedirle perdón pero mi madre me dijo que venga, y aquí estoy" Lo bueno del caso no es como yo pedí perdón, sino que la buena vecina aceptó mis disculpas, y a pesar de todo me perdonó. El punto (d) tiene que ver con la última parte del proceso del arrepentimiento para llegar a pedir perdón. Este punto es tan importante como los anteriores y es el que más olvidamos.

Los pasos del proceso para pedir perdón, que hemos visto hasta aquí, son:

- Reconocimiento intelectual, y emocional,
- Petición adecuada del perdón,
- Reparación, de los daños causados. Todo esto con y desde la humildad.

CAPÍTULO 5

Reparación de los daños

Σi una persona agravia a otra en público, debería desagraviarla en público también. De esta manera, además del pedido del perdón, entramos en la parte de reparación del agravio.

Si hemos tenido el valor de ofender personalmente, es personalmente como debemos pedir perdón. Nunca enviar a un mensajero, ajeno o no a la situación. En la Biblia podemos leer el relato de dos hermanos separados por una grave, gravísima ofensa. Los nombres de estos dos hermanos son Esaú y Jacob.

Nacieron juntos, eran mellizos, y tuvieron que vivir separados.

Jacob engañó a Esaú, antes de esto negoció hábilmente para apoderarse de lo que no le pertenecía: la primogenitura.

Luego tuvo que huir de la furia de su hermano (Gén, 27:41…)

Pasaron los años, y Jacob se enteró que su hermano venía a su encuentro. Entonces Jacob tuvo miedo, sin embargo una vez más fue hábil. Envió mensajeros que se adelanten al encuentro, sólo que no envió pedidos de perdón con cada uno de los emisarios sino regalos y saludos de acuerdo a su rango. Lo del perdón ocurrió después cuándo y cómo tenía que ocurrir: los dos hermanos a solas (Gén, 33).

Ya mencionamos que si el agravio se hace en público, en público se hará el desagravio, como primera condición, dejando en lo posible el buen nombre, el honor a salvo. Esto es como primera medida para poder pedir el perdón correspondiente. Aunque no sea posible reunir el mismo público, se debe reparar en público. Ya las personas del público se encargarán de transmitir a los demás el hecho.

Recordemos siempre que es muy fácil desacreditar a alguien y/o poner en duda su reputación. *Cuesta toda una vida comportarse*

bien obteniendo una buena reputación, y cuesta un sólo minuto, destruirla.

De todas maneras sirve siempre esa "costosa" (en tiempo) inversión, porque no será tan creíble lo que se escuche, y será más pronto recuperable al haber una reparación, una justificación, una real excusa y una defensa.

También encontramos en la Biblia la historia de Zaqueo, cuando al convertirse al cristianismo entendió que habiendo robado tenía que devolver no sólo lo robado, sino cuatro veces tanto (San Lucas: 19) Esto se puede entender como una forma de reparación, a fin de compensar todo el tiempo pasado sin lo robado.

La reparación trae verdadera paz mental a todos los protagonistas del hecho, esto es, tanto al ofensor como al ofendido. Trae, también, el perdón más pronto, trae entendimiento entre las partes, comprobación, demostración de que el ofensor ha entendido perfectamente el alcance de lo que ha hecho, ha causado. Trae paz, en todos los sentidos, en sentido general.

Debemos reparar en todo lo posible. A veces es imposible, por ejemplo, la persona afectada ya murió. Lo ideal es que busquemos a algún descendiente y reparemos, y/o paguemos la deuda con ellos. El hecho de que la persona haya muerto no me exime a mí el pagar y reparar mi falta. Buscaré a su familia. Porque para que yo esté bien conmigo misma/o y siendo creyente, con Dios, debo **hacer, realizar** esta etapa indefectiblemente. Tanto es así que si en el caso de que no encuentre a nadie, aunque sea, debo donar (la reparación, el dinero etc.) para beneficencia en nombre del afectado, no en el mío propio. Esto último, creo yo sería lo más apropiado.

CAPÍTULO 6

El perdón para sí mismo. El autoperdón

No pocas veces logramos el perdón en los demás, pero a nosotros mismos no nos perdonamos. ¿Qué está faltando?

A veces simplemente, lo que está faltando es la etapa de la reparación. No hemos reparado adecuadamente, no ha sido suficiente, falta algo más.

A veces es simplemente algo tan subjetivo que nos sentimos así, lo vemos así, pero en realidad ya está todo hecho. Tal vez lo que falta es que la/s persona/s afectada/s le agradezca/n, se lo diga/n para que esta persona que ha estado "trabajando" para lograr el perdón, quede por fin satisfecha de lo realizado. Vuelvo a decir, a veces es sólo subjetivo, no real.

Si la persona no siente que ha acabado todo el proceso, no siente que su corazón y su conciencia están satisfechos, a pesar de todo, entonces, debe ir a un profesional de la salud mental, concretamente a un psicólogo/a para ayudarle en este sentido.

Una cosa más en cuanto a este apartado del tema de la reparación:

> No siempre es posible reparar.
> No siempre es posible reparar en un 100 %.
> Pero si encontramos que se puede hacer un 25%, ese 25% será
>   nuestro 100 %.

Lo he querido expresar matemáticamente de forma adrede, para que se entienda debidamente este concepto. No olvidemos que todo lo que nos pasa, y la realidad es traducible matemáticamente. Quedando el concepto más claro.

Nos tiene que quedar muy claro qué es lo que podemos hacer y eso es todo lo que podremos hacer.

Desde luego, a veces, podemos hacer una segunda milla más, pero esa segunda milla será sobre todo para recuperar nuestra satisfacción, nuestro propio perdón, nuestra paz mental.

Si no existe la posibilidad de realizar una segunda milla más, no existe la posibilidad de **hacer** nada más, entonces, está **todo** hecho.

CAPÍTULO 7

La frase mágica

¿Cuál es, entonces, la forma correcta de pedir perdón?

Creemos que más que "frase mágica", es la forma correcta de pedir perdón.

Teniendo en cuenta lo visto hasta aquí, elaboramos una frase correcta, que nos permitirá no obstante las modificaciones, adaptación a la circunstancia, etc., nos sirve como guía.

Si a la otra persona no la podemos obligar a perdonarnos, ni siquiera perdonarnos según el tiempo que nosotros querríamos, las frases deberían ser algo así:

> *Me siento mal al darme cuenta de lo que he hecho, (…) no sé si podrás perdonarme algún día, quiero que sepas que quiero, que necesito reparar mi falta (...) tal vez puedas indicarme qué sería lo mejor que puedo hacer, me gustaría saber qué quieres que haga por ti, para ti, y ojalá cuando sientas que ya me has perdonado, me lo hagas saber, me gustaría saberlo.*

Entre paréntesis se incluye la situación real, por la que se está pidiendo perdón, y la propuesta de reparación para ser aprobada por la persona afectada.

Si no sabemos qué desea como reparación, analizando y dependiendo de las circunstancias se implementará la mejor estrategia posible de acción para la reparación que corresponda.

CAPÍTULO 8

El Líder

Si buscamos definiciones sobre qué es un líder, encontraremos muchos autores y muchas definiciones, pero en el caso que nos ocupa ahora, permítanme que pueda yo crear mi propia definición con relación al tema que estamos tratando.

Líder, es la persona que tiene a su cargo un grupo de personas con un objetivo en común, y que cuando ese objetivo se logra las felicitaciones son para todo el equipo, pero cuando el equipo fracasa, pierde, el único responsable es el líder.

O sea que el triunfo se vive por parte de todo el equipo pero la derrota sólo es atribuible al líder; las felicitaciones son para todos, el fracaso es sólo para el líder.

Ser un líder es tener la responsabilidad total del fracaso y la responsabilidad parcial del triunfo; el triunfo se comparte, el fracaso, no.

Por lo tanto ante el fracaso es el líder, el jefe del grupo, quien se encarga de pedir perdón, disculpas, de ofrecer y realizar las reparaciones posibles.

Hay una diferencia entre los conceptos líder y jefe.

Jefe es una persona que se pone por encima de un grupo de personas, simplemente, muchas veces es impuesto, no lo designa el grupo, ni tampoco el grupo que dirige es un equipo con un mismo objetivo.

En el caso del líder, puede ser designado incluso por los propios miembros del grupo. Ese grupo funciona como tal, tiene forma de grupo mientras existe el/los objetivo/s. Cuando acaban los objetivos, acaba la vida del equipo.

A veces debemos pedir perdón por la/s otra/s persona/s aunque no sea así en realidad, pero la otra persona lo necesita para continuar nuestra amistad, o bien, necesita ese pedido de perdón, con reconocimiento incluido, por supuesto, para poder continuar depositando su creencia, su fe en nosotros, en nuestro equipo y en sus objetivos.

Este párrafo anterior, necesita de una aclaración de acuerdo a cada caso, por lo tanto sólo en una situación real se puede explicar.

Lo que debe quedar asentado es el principio que se desprende en ese párrafo: al líder le corresponde el pedido del perdón, presentar las excusas, dar las explicaciones, presentar los hechos, etc., según cada situación y lo que ésta y las personas implicadas requieran.

De esta manera, demostrará su sensibilidad para con las personas de su equipo y su entorno. El líder hará lo posible para mantener al equipo unido y para mantener las mejores condiciones para la consecución de los objetivos planteados.

Aunque la percepción de los demás no sea la más correcta. A veces lo más inteligente es tener en cuenta la dignidad del otro y ofrecer lo que el otro necesita, demande o no, explícitamente.

Luego, en un momento más oportuno, se puede proceder a poner las cosas en su sitio.

CAPÍTULO 9

Eximentes

Entendemos por eximentes aquellas circunstancias, hechos, factores, variables, etc., que alteran, modifican la percepción, filtran, restringen, etc., la cosmovisión personal e interfiere en su relación con la realidad.

Por ejemplo es más fácil perdonar cuando pensamos, sabemos, que la persona erró por ignorancia: **"Padre, perdónalos porque no saben lo que hacen"** Luc. 23:34

Existe el perdón por ignorancia, por desconocimiento, por educación, cultura, ámbito de desarrollo, familia, enfermedad, temperamento, etc.

Si tenemos en cuenta esto, nos será más fácil perdonar a nuestros semejantes. Es con el ejercicio de empatía, en el que nos "metemos" dentro de los zapatos del otro. Esto nos ayuda a comprender y minimiza la percepción propia de los daños propios, incluso. Animo a los lectores a realizar estos 'ejercicios empáticos'.

Y, desde allí valoramos, qué hacer cuando el otro no viene a pedirnos perdón, recordemos: perdón por ignorancia, desconocimiento, educación, culturas, ámbito de desarrollo, familia, que tipo de niñez tuvo, enfermedad, temperamento, etc.

Valoramos la situación en que fueron producidos los hechos, a veces hasta podemos como una carencia ha llevado a los hechos actuales que nos ocupa. De esta manera, muchas veces podremos entender que es lo que llevó a la otra persona a actuar así. También podemos preguntárselo, para poder entender, comprender.

CAPÍTULO 10

El perdón unilateral

Lo dicho en el apartado anterior, nos lleva a la ocasión en que el perdón se hace desde una sola parte, sin concurrir para ello, la otra parte.

Esto es, sin que nos pidan perdón, nosotros llegamos al perdón.

¿Qué hacer cuando la otra persona no es consciente de lo que ha hecho, ni del hecho causado? ¿Qué hacer cuando la/s otra persona/s no reconoce/n los hechos, ni advierten los daños y en consecuencia, no viene/n a pedir perdón?

Incluso la otra persona puede haber muerto, ya.

No tenemos más remedio que realizar nosotros solos el perdón, todo el proceso del perdón, solos.

¿Por qué?

Porque perdonar es una condición *sine quanon* para poder seguir adelante con nuestras vidas, sin el lastre de rencores, lista de agravios presentes en todo momento, que pueden llevar, y de hecho es lo que ocurre, a "caracteres malhumorados", enfermedades psíquicas y físicas. Además de ser un requisito para poder ser perdonados, nosotros mismos por los demás y sobre todo por Dios. Esto es, recordando lo que dice el **Padrenuestro: *"perdónanos como nosotros perdonamos"*** Mat. 6:12.

Para realizar el perdón unilateral, nos puede servir lo dicho en el apartado de los **eximentes.**

En el supuesto caso de que no encontremos ningún eximente, atenuante, no es conveniente que lo primero que pensemos sea, que en el otro hubo mala intención. Pensemos que muchas veces con las mejores intenciones, hacemos mucho daño.

Recuerdo un caso, el de un joven pastor de una iglesia, que acababa de morir su esposa, sus feligreses (varios de ellos) con intención de consolarlo le dijeron "que **piense** en que **debe rehacer** su vida"

Este pastor ahora es mayor, y todavía recuerda (aún con dolor y como ejemplo de lo desatinado que podemos ser en las peores circunstancias) aquellas frases en el sepelio de su amada esposa. Debemos decir que ese dolor está trasladado a sólo aquel episodio. El tenía ante sí el cuerpo aún tibio de su amada esposa, quedaba solo, con dos hijos pequeños, y no tenía más remedio que escuchar aquellas frases.

El pudo perdonar a sus feligreses.

CAPÍTULO 11

Con mala intención

¿Qué hacer en el caso de que el agresor haya tenido mala intención?

Tenemos que tener en cuenta que las intenciones y los sentimientos no se pueden juzgar, pues pertenecen a la intimidad de cada persona, sólo podemos juzgar los hechos, sin embargo, en el supuesto de que sería como el caso de los que mataron a Jesús, crucificándole en una cruz, y/o decretando este castigo, lo hicieron con la más mala intención que el hombre sea capaz de hacer, nos encontramos de que el Señor sabía que lo hacían por ignorancia. Por lo que volvemos a los eximentes.

En el caso de que verdaderamente nos conste que no hay ignorancia y sí mucha mala intención, confesada, de producir daño, nos será más fácil perdonar si pensamos en que esta persona al tener malos pensamientos, tiene también malas actitudes y malas conductas observables. Que es muy probable que no tenga muchos amigos, que no tenga paz, y que no sea feliz. Que nosotros somos responsables de lograr nuestra propia felicidad y la de los demás, en alguna manera. Por lo tanto no nos cambiaremos por aquellas personas que tienen problemas graves de carácter y de interrelaciones personales.

Nos concentraremos en pensar en lo que nos corresponde a nosotros, no al otro. ¿Recordamos?:

"Padre nuestro que estás en los cielos..." "y perdónanos como nosotros también perdonamos a nuestros deudores..." San Mateo; 6: 12

Desde el punto de vista teológico, en la Biblia encontramos que nuestro buen Dios nos puede perdonar si nosotros también perdonamos.

En su divina pedagogía, Dios quiere que participemos activamente en el proceso del perdón, para que comprendamos qué es, qué significa; qué ventajas tiene para nuestra salud espiritual, relacional (con Dios y con los hombres) y para nuestra salud psico-física.

Comprender esto es participar. Para comprender hay que participar desde una orilla y desde la otra. Es decir, como ofendidos y ofensores, como dañados y dañantes, como víctimas y victimarios ante nuestro Padre celestial y los demás seres humanos, nuestros hermanos.

CAPÍTULO 12

Perdonar para ser perdonados

Pero lo mejor de todo esto es que si nosotros no podemos perdonar, nos resulta muy difícil, recordemos que Dios sí nos perdona y que también nos ayuda a perdonar. Se lo podemos pedir a Él, y Él nos ayudará en este sentido.

Él no nos pide nada que no sea capaz de ayudar. Él está implicado en nuestras cosas, grandes y pequeñas, sólo falta que se lo pidamos que lo autoricemos a intervenir en nuestras emociones, nuestras situaciones, circunstancias, problemas, en fin, en nuestras vidas. Para nuestro bien.

Con El encontraremos que es más fácil perdonar y ser perdonados. Sabremos, sentiremos, cuando somos perdonados y podremos pedir perdón, con los deberes hechos.

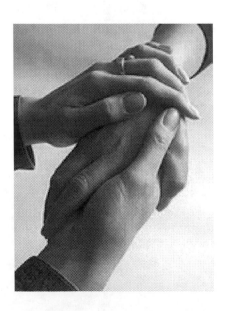

Perdón condicionado

Tenemos un caso interesante, es una alegoría sobre el reino de los cielos, donde Jesús explica cómo tratar nuestras deudas con nuestros semejantes.

Este pasaje bíblico se encuentra en Mateo 18: 23-35; donde se cuenta cómo un deudor, un siervo, debía diez mil talentos, su señor le hace juicio con resultado de cárcel. Este deudor suplica a su señor, éste le suelta y también le perdona su deuda.

Saliendo este siervo se encuentra con un consiervo que le debía cien denarios, una cantidad muy pequeña en comparación con su propia deuda, y le exige que le pague. Su consiervo le suplica de rodillas que tenga paciencia, que le pagará, mas él no lo escucha y lo mete en la cárcel.

Los otros consiervos entristecidos se lo dijeron al señor y éste lo mandó llamar y le dijo "siervo malvado, toda aquella deuda te perdoné, porque me rogaste ¿no debías tu también tener misericordia de tu consiervo, como yo tuve misericordia de ti?"

Esta ilustración termina muy mal para este siervo, con quien podemos en algún momento identificarnos, ya que el señor lo entrega a sus verdugos hasta que pague todo lo que debía.

El mismo Señor Jesús concluye diciendo: "Así también mi Padre celestial hará con vosotros si no perdonáis de todo corazón cada uno a su hermano sus ofensas"

Por lo que se desprende aquí el perdón otorgado de alguna manera quedaría en *stand by* en espera a que nosotros hagamos lo mismo con nuestros semejantes sea cual sea la deuda. Entonces, sólo entonces nuestros pecados son definitivamente perdonados.

Si esto es así, tenemos ante nosotros un gran desafío porque el tema del perdón es crucial, de vida eterna, para nuestra salvación, no sólo para nuestra salud mental y relacional.

El perdón y la amistad

Ya sabemos que para continuar una amistad debemos ser capaces tanto de perdonar como de pedir perdón. A veces, hasta es necesario pedir perdón, aunque a nosotros no nos parezca razonable que sea así, (en el caso de que existir una verdadera razón para que así sea, así se proceda), pero nuestro amigo/a lo necesita por alguna particularidad especial de su cosmovisión, de su carácter.

No conviene en estos casos decir: *"como me lo pides tu, yo te pido perdón…"*

Si realmente nos interesa mantener esa amistad, o simplemente esa persona se siente herida, por algo que ella entiende, haremos otra vez el ejercicio empático a fin de tratar de comprender que es lo que le pasa a esta persona y la "curaremos" (es decir, curaremos su herida) con nuestro sincero pedido de perdón. Luego haremos pedagogía, en el sentido de que cambie su modo tan particular de entender las cosas. Luego, después, de que todo pase. Y sólo si creemos que esto es necesario para su propio bien.

Con el cuidado de no desdecir, borrar, modificar, lo que hemos dicho antes, porque nuestro sincero pedido de perdón era necesario en ese momento, estaba bien para ese momento y eso no se vuelve a tocar más.

También puede ocurrir que no nos interese continuar ya, con esa amistad. El perdón lo pediremos de todos modos con sinceridad y de forma empática. Luego oportunamente explicaremos personalmente que no nos interesa continuar con esa amistad, por las siguientes razones:

Incompatibilidad de:

- Caracteres, afinidades, imposibilidad de compartir valores, principios, conductas apropiadas, ocio, tiempo libre, las mismas actividades, etc. etc.
- Amistades que pueden entrañar algún peligro
- La amistad, como en el matrimonio, es cosa de dos, por lo que si una de las partes no quiere continuar, a la otra parte no le queda más remedio que respetar la decisión del otro y apartarse.

¿Cuál es el objetivo de explicarlo personalmente?

Personalmente porque así corresponde por dignidad humana frente al otro. Porque la amistad es algo personal: no es a través de nadie que creamos amistad y es a través de nadie, que la interrumpimos.

La verdadera amistad no produce cobardía.

Explicaremos nuestras razones, no para discutirlas, sino para dejarlas dichas, dejarlas asentadas. Son nuestras razones y deben respetarse. Si nos equivocamos el tiempo lo dirá y nos corregiremos oportunamente.

Explicaremos nuestras razones para que la otra persona tenga una oportunidad dada por nosotros (y esto se convertirá en un último gesto de amistad de parte nuestra) para que la otra persona pueda reflexionar, meditar, entender cómo lo ve el otro, y decidir si cambia en algo o no.

CAPÍTULO 13

Armarse con un escudo

No nos conviene ser muy sensibles, porque esa hipersensibilidad nos llevará indefectiblemente a tener más problemas que los normales.

Por lo que si estamos continuamente ofendidos, doloridos, molestos, etc. etc., debemos preguntarnos si es normal que nos sintamos así, analizando las situaciones lo más objetivamente posible.

A veces el problema es del otro en forma absoluta, por no armarse debidamente con un "escudo" protector. Hay muchas cosas que no nos deben llegar, nos deben resbalar, nuestro escudo debe actuar en ese sentido.

Si somos hipersensibles somos candidatos al diván, candidatos firmes para el psicólogo. Este profesional nos ayudará a armarnos de este escudo protector.

Es mejor ir al psicólogo a tiempo que pasarlo mal, solos y por mucho tiempo. No es inteligente demorarlo. Este escudo tampoco nos convierte en seres insensibles, sino que es conveniente porque protege nuestro mundo emocional.

Recordemos de no caer en lo que puede ser que el que se ofende podría tener una conducta *tonta y/o necia.*

Tonto porque no actúa inteligentemente e interpreta mal lo que sucede, interpreta inadecuadamente, la realidad, su percepción no es correcta.

Necio porque si se da cuenta que no debe ofenderse y lo hace de todos modos, por un orgullo desmedido, por ejemplo, nos encontramos ante un caso de necedad.

Sólo los débiles, los inseguros, los tímidos, los pocos inteligentes, no muy racionales, mucho más sentimentales que racionales, etc., actúan en esa forma. Pensemos en esto.

CAPÍTULO 14

Personalidad camello vs. personalidad perro

Me gusta mucho la ciudad de Valencia, como vivo a unos 50 km. cuando planifico visitarla voy con tiempo, si es posible.

Me gusta caminarla, conocer poco a poco sus preciosos rincones, incluso hacer de cicerone.

Muy pronto diseñé unos recorridos propios para llevar gente a conocer. Por ejemplo, uno de mis recorridos más famosos para ellos es el de "las cuatro plazas".

En un radio razonablemente pequeño, caminamos las cuatro plazas: la plaza de la Reina, la plaza de la Virgen, la plaza redonda, y la plaza del Ayuntamiento.

Ignoro si este recorrido existe, y de ser así, que nombre tiene, en los archivos turísticos de la Ciudad.

Una tarde tenía que asistir a una reunión en el Colegio Oficial de Psicólogos, y llegué temprano. El edificio contiguo al Colegio es el Almudín. Con este nombre árabe se designa donde, hace mucho tiempo, se comercializaba con granos y se acumulaba el trigo, allí se realizaba el control de la venta del trigo.

Es un edificio levantado por lo Jurados de la Ciudad en el año 1307. Aquí el Mustaçaf controlaba los pesos y medidas.

En este lugar, ahora, se realizan distintas exposiciones. Me gusta disponer de tiempo para verlas, además son gratuitas. Esa tarde, la exposición trat333 sobre un pueblo del desierto, **Los Tuareg.**

Quedé gratamente impresionada con esta cultura, a la vez, que corroboré, lo leído anteriormente sobre los camellos.

El camello es un animal que posee memoria, pero en el caso que nos ocupa, la memoria se comprueba gracias a su rencor con sus venganzas, no olvida.

Según el camello entienda que se lo trata mal, así el lo devolverá con creces a su dueño.

Qué distinto de los perritos.

Personalmente pienso que Dios hizo los perritos por causa del hombre.

Al contrario de los camellos, los perros no tienen memoria para guardar rencor. Al rato que el amo le golpea, él estará a su lado. Su fidelidad, su lealtad y nobleza priman por sobre el maltrato recibido. No guardan rencor ni se vengan.

Cuando un perro recuerda el daño es porque ya está traumatizado y más que rencor y deseos de venganza es temor. Aprendió a tener miedo a raíz de un maltrato sistemático, continuado.

Las conductas de los camellos y los perros, tanto sanos como "enfermos" (a causa del maltrato) difieren y son muy distintos.

CAPÍTULO 15

¿Qué hacer con las ofensas?

Los perritos, con su característica nobleza y fidelidad, están ahí al lado de su dueño a pesar de haber recibido un maltrato el día anterior. A menos de que estemos en presencia de un trauma.

Siempre he creído que junto con nosotros resucitarán nuestras queridas mascotas. Esto, por supuesto, es una creencia posible para los creyentes que creen en la resurrección.

Como dijimos, es cierto, también, que hasta los perros maltratados huyen de sus agresores o se vuelven contra ellos.

Veamos el problema del rencor.

El rencor

Los sentimientos en general, son muy lábiles, esto es, desaparecen rápido. En algunos casos pueden durar hasta horas, más de un día, etc.

Pero, en general, una emoción, tiene una vida corta y limitada.

Entonces ¿por qué dura tanto el rencor?

Simplemente porque el rencor, cuando tiende a desaparecer, lo alimentamos, echamos más fuego a la hoguera, nos regodeamos en la herida y en esta especie de retroalimentación, la herida nunca cierra del todo.

Porque está instalado en nuestra cosmovisión, en nuestro temperamento. Hay personas (afortunadas) que se descubren a sí mismas como 'no rencorosas'.

El rencor provoca una visión restringida de la realidad de todos los días y persiguiendo a nuestro victimario, pasamos sin detenernos (como dice el poeta) a "oler las flores" del camino. Nos perdemos las mejores cosas, por aquellas que nos hacen daño. No compensa, ¿verdad?

CAPÍTULO 16

La venganza

Es cierto que gracias a la planificación de la venganza, algunas personas soportaron situaciones muy difíciles, como por ejemplo la cárcel, (en condiciones infrahumanas) porque el objetivo de la venganza los emplazaba fuera de esa situación, cuando por fin, podrían vengarse de todos los oprobios, ofensas, maltratos, etc.

Es decir, la persona encarcelada, siguiendo con el ejemplo, proyecta su imagen fuera de los muros de la cárcel y se entretiene planificando imaginativamente, cómo se vengará de las personas que le han hecho daño.

Sin embargo para los creyentes en la Biblia, dice Jehová "mía es la venganza". Y aunque no nos parezca que esa venganza sea exactamente como a nosotros nos parece, y que además le quita el malvado placer de hacerlo nosotros mismos, debemos dejarla en sus sabias manos.

En lo que tenemos que pensar es que si primero ocurre la ofensa, luego la venganza, luego ocurrirá la venganza de la venganza y seguiremos en una vorágine, de odio, ilimitada y aumentativa hasta la completa destrucción de la raza humana!

La venganza nos lleva a una escalada de violencia, a una situación circular, a una especie de corto circuito, círculo viciado, y no nos será posible predecir sus nefastos efectos y consecuencias para nosotros y para nuestras familias por generaciones, incluso. No nos conviene desde ningún punto de vista, de análisis, vengarnos nosotros mismos, pero sí podemos pedir la venganza de nuestro Dios, la cual no nos traerá consecuencias, ni cárcel, aunque haya muertes. Porque cuando Dios juzga, Dios es terrible, debemos temerle y someternos a sus designios, Él sabe lo que es mejor para todos nosotros.

CAPÍTULO 17

Las consecuencias de nuestros actos

Las consecuencias de nuestras conductas, debemos sopesar antes de que ocurran. Eso es lo ideal. Una vez que analicemos las probables consecuencias, recién entonces estamos en situación de elegir la mejor opción.

Las consecuencias no sólo las podemos sufrir nosotros mismos, como es natural, sino que también puede afectar y afecta a las personas de nuestro entorno, incluyendo, por supuesto, aquéllos a quienes llamamos "seres queridos".

Por ejemplo en el caso de un alcohólico consuetudinario, sufre él, sufre su entorno más próximo y hasta puede afectar a su descendencia. Porque con el alcohol se modifican características plausibles de transmisión genéticas. La ciencia confirma esto.

O sea que lo que hace una persona puede afectar aún hasta a personas que no han nacido aún, con posibilidad "hasta la cuarta generación" según dice el Antiguo Testamento.

Y en el Nuevo Testamento, ya el apóstol San Pablo escribió hace 2000 años atrás, "nadie vive para sí ni nadie muere para sí". Por lo tanto esa frase que escuchamos por ahí: "yo hago lo que quiero con mi vida" se queda más en un deseo de que sea así a que sea de ese modo: no se ajusta a la verdad, porque siempre hay alguien, además de la misma persona, que puede salir afectada.

No somos dueños absolutos de nuestras propias vidas.

Por otra parte, la relación de este apartado sobre las consecuencias, con el tema del perdón, es esta: podemos ser perdonados, y. a la vez, perdonar, pero no olvidemos tener en cuenta que es casi imposible evitar las consecuencias. Lo cierto es que Dios en su omnisapiencia sabe cómo manejar las consecuencias de nuestros errores, pero a nosotros no nos viene a la mano, intervenir en ello. Tal vez, minimizar en algo sus efectos negativos.

Por lo tanto, aunque podamos perdonar, autoperdonarnos y ser perdonados no podremos evitar las consecuencias. Incluso es posible que no convenga intervenir en las consecuencias derivadas de hechos desafortunados, lamentables, terribles. Me refiero a consecuencias como herramientas verdaderamente pedagógicas, y para los demás aunque sea de forma ajena, externa.

Muchas veces es gracias a las consecuencias derivadas de los actos, lo que nos ayudan a rectificar, incluso definitivamente, esos comportamientos no adecuados.

CAPÍTULO 18

Perdón no es igual a reconciliación

PERDÓN: según el cristianismo en un acto de amor, compasión, empatía (amor cristiano) donde el ofendido disculpa, olvida una afrenta, una ofensa.

RECONCILIACIÓN: es el restablecimiento de la concordia y la amistad entre personas distanciadas, partes enemistadas.

La reconciliación implica, necesariamente, el perdón; pero el perdón no implica la reconciliación en todos los casos. La reconciliación es otro paso.

Ya hemos visto que el perdón es terapéutico para las personas, tanto para el que perdona como para el que es perdonado. De todos modos hay que tener muy claro que el perdón depende de una persona, pero la reconciliación depende de las dos partes, en su mayor parte depende del otro, del victimario, del agresor. Necesitamos poder confiar, antes, en su cambio. En que su cambio sea verdadero.

¿Cuándo otorgar el perdón?

Es necesario que aprendamos a perdonar, porque es saludable para nuestra salud, física, mental, emocional, social y espiritual. Además porque es requisito necesario para pedir, a nuestra vez, el perdón para nosotros mismos. Recordemos que el "padrenuestro" dice en San Mateo 6: 9-13, "perdona nuestras ofensas, así como nosotros perdonamos las ofensas de los demás"…

Esto incluso puede ser de forma unilateral, aunque nunca nos hayan pedido perdón, aunque la parte ofensora no haya acudido a nosotros para pedir nuestro perdón.

En el caso de que nos pidan perdón, estamos en situación, entonces, de otorgarlo, de dar nuestro perdón al otro que lo pide.

¿Cómo actuar en este caso?

Debemos acudir a Lucas 17: 3,4, que nos dice: "mirad por vosotros mismos. Si tu hermano pecare contra ti, repréndele, y si se arrepintiere, perdónalo. Si te ofende siete veces al día, y otras tantas vuelve arrepentido y te dice 'lo siento', perdónalo." La condición es por lo tanto, que haya arrepentimiento, un arrepentimiento genuino.

Tipos de arrepentimiento

Metanoia: etimológicamente viene del griego y significa conversión, un giro de 180°, esto es, un cambio de dirección, un cambio mental, actitudinal, y por ende de conducta. Significa estar en el proceso de transformación del carácter, cambio de personalidad.

A este tipo de arrepentimiento se refiere la Biblia.

• Arrepentimiento de Pedro

Por ejemplo podemos observar el caso del discípulo Pedro, después de haber negado a su maestro. Al encontrarse con la preciosa mirada del Señor, podemos decir que allí comenzó el proceso de su conversión, comenzando por un arrepentimiento genuino y saludable. Allí comenzó su ministerio.

También existe un tipo de arrepentimiento por otras causas, que son el haber perdido un puesto, un lugar, algo de credibilidad, autoridad, etc.

Es dolor por algo que se pierde, objeto de deseo, pero no por haber causado dolor en el otro, no por empatía.

- **Arrepentimiento de Judas**

Sería el arrepentimiento de Judas. Un arrepentimiento incompleto, egoísta, egocéntrico, que no llevaría ningún cambio a mejor, a obtener buenos frutos, su objeto de deseo era el amor al dinero, que lo llevó finalmente a su perdición.

Hay que tener sumo cuidado si estamos ante este caso, cuidado en otorgar el perdón. Ante la duda, podemos sondear más en profundidad y/o esperar a ver los frutos que acompañan al arrepentimiento genuino.

PARTE II

Conductas

Cuando hablamos de problemas emocionales, nos referimos a que son conductas *APRENDIDAS* que nos perturban, que no nos sirven para vivir felizmente.

Cuando una persona tiene una fobia, una depresión, un problemas emocional, no es porque esté enfermo, loco o acomplejado, sino simple y realmente porque ha aprendido a comportarse de esa forma.

Siguiendo los principios del aprendizaje, una conducta puede *DESAPRENDERSE* y ser sustituida por otra, incluso ser extinguida, sin más. En el sentido que pierde fuerza, también.

En esto consiste la Psicología clínica: enseñar a desaprender conductas que nos hacen daño y aprender conductas nuevas que nos ayudan a vivir mejor.

¿Qué son conductas?

Cuando hablamos de conducta no sólo nos referimos a lo que uno hace, sino también a lo que piensa y a lo que uno siente. Esto es lo que llamamos **tres niveles de comportamiento:**

- **Lo que hacemos: CONDUCTA MOTORA**
- **Lo que pensamos: CONDUCTA COGNITIVA**
- **Lo que sentimos: CONDUCTA FISIOLÓGICA**

Teniendo en cuenta lo descrito en este apartado, entendemos lo importante del pensar bien, sentir muy bien y actuar mejor. La cadena que se produce desde el pensamiento, sería esta:

Pensamiento ⟶ sentimiento ⟶ actitud ⟶ conducta.

Traer a nuestras vidas felicidad y a la de los que nos rodean, es y debe ser nuestro primordial objetivo, nuestro principal proyecto de vida.

La Memoria

¿Perdonar es realmente olvidar?

Se dice por ahí que perdonar es humano pero olvidar es divino. Por lo que si no hemos olvidado no hemos perdonado, realmente, efectivamente, eficientemente.

Sabemos que la **memoria,** tiene dos preciosas capacidades:

1. la de recordar, y,
2. la de olvidar

Siempre hemos dado énfasis a la primera: la capacidad de recordar, de recordarnos los objetos y sobre todo el de recordar a nuestros seres queridos y demás personas que conocemos a través de nuestra andadura en la vida.

Me acuerdo de una profesora que tuve en la carrera de Psicología, que nos dijo en clases: sería terrible el no recordar cada día que ese objeto es un peine y para qué sirve. Esto nos llevaría a que todos los días tendríamos que reaprender cómo se llama ese objeto y para qué se lo utiliza. Pero claro, no sería sólo ese objeto, sino todo lo demás y lo más terrible de todo, no es tener que aprender todos lo día a conducir un coche (cuando ya lo tenemos mecanizado, y apreciamos eso) sino el reconocer a nuestros amados y recordarlos; recordar sus nombres, sus gustos, sus particularidades, etc. etc. Suponiendo que hay alguien que nos lo puede enseñar, todos los días, claro. Esto es, que aunque nosotros no recordemos haya alguien que sí lo hace por nosotros.

Esto nos lleva a agradecer a Dios en primer lugar por esa capacidad preciosa de la memoria.

Pero a veces es mejor olvidar. *¿OLVIDAR?* o *¿RECORDAR?* ¿En qué quedamos?

Sí, es mejor olvidar, a veces.

Esforzarse en recordar y esforzarse en olvidar. Ocuparse tanto en un sentido como en el otro, dependiendo de la situación.

Gracias a Dios por la capacidad de olvidar también. Estados comatosos, pérdidas de memoria en los momentos de los accidentes, rodeando momentos del hecho en sí, son recursos de nuestra memoria para poder recuperarnos. Luego la memoria vuelve poco a poco. Cuando ya estamos mejor, estamos más fuertes, fuera de peligro, médicamente hablando, y podemos afrontar lo que pasó. A veces nunca se recuerda qué pasó exactamente antes del accidente e inmediatamente después. Ocurre que nos lo cuentan los demás que nos socorrieron.

Sin llegar a estos extremos, la capacidad de la memoria para olvidar puede ser utilizada en cualquier momento de nuestras vidas. Para nuestra conveniencia. No se trata de olvidar nuestras responsabilidades, nuestros compromisos, promesas, etc., no, se trata de olvidar lo que nos perjudica, que tenemos que olvidar para nuestro bien.

Desde luego si pensamos todo el tiempo en aquello que tenemos que olvidar, lo único que lograremos es que el engrama se haga cada vez más fuerte, esa huella mnémica se haga tan fuerte como imborrable y esté muy presente.

¿Qué hacer?

Todo lo contrario. Si pensamos en lo que debemos olvidar, y logramos lo contrario a nuestro objetivo, haremos lo opuesto, lo contrario para obtener el resultado deseado.

Si pensar es lo que nos recuerda y no nos deja olvidar, será entonce4s, dejar de pensar en ello. De esa manera, lograremos olvidar poco a poco, porque irá perdiendo fuerza.

Si no sabemos cómo se hace para no pensar en algo que nos hace daño, lo indicado es acudir a una consulta de un psicólogo/a, Lograremos la detención del pensamiento, y algo más.

También ayuda para olvidar, hacer algo.

Recuerdo a mi prima G.

Quién me contó por internet, que había recibido una llamada telefónica de parte de uno de sus primos, solicitándole un favor. Ella no podía en ese momento ayudarles y así se lo hizo saber, explicándole los motivos de su negativa. Motivos muy atendibles, por cierto.

Pero se sintió mal, y me lo consultaba vía internet. ¿qué puedo hacer? Ya habían pasado algunos días.

Yo le dije: "el hecho de que te sientas mal, habla de tu buen corazón. Pide sinceras disculpas, (supongo que lo has hecho), y busca una estrategia para compensar con algo que sí puedas hacer una próxima vez no muy lejana".

Hasta donde me consta, están en buenas relaciones.

Cuando hacemos algo a favor del otro, no es más fácil olvidar.

Y eso también vale para lo de echar "ascuas sobre su cabeza" es decir, de forma bien intencionada que nos salga del corazón, hacer el bien aún a los que nos han ofendido y maltratado. Podremos provocar que esa persona sea consciente del daño, de su daño, incluso que se anime a acercarnos a nosotros. Sea ese el resultado o no, esa es la tarea que nos compete siempre.

De todos modos, no encuentro en la Biblia que se me pida que olvide. Todos tenemos una "historia vital", si es historia, es memoria y si es vital, es de toda una vida vivida por nosotros.

Lo importante es que aunque recordamos alguna vez lo vivido, no esté comprometido emocionalmente. Esto quiere decir que recordaremos el hecho (doloroso) sin ese dolor, sin esos sentimientos, será recordar los hechos, pero superados.

Una palabra en cuanto a los maltratadores domésticos

Todo lo que se ha dicho hasta aquí sirve y es válido también para el caso de los maltratos domésticos, concretamente los maltratadores. Con una salvedad: la/s víctima/s debe hacerlo en lo que pueda y cuando se pueda estando lo más protegida posible y a la mayor distancia física posible.

Aunque nos mueva la compasión ante los maltratadores, por lo que hayan tenido que sufrir en su infancia, en sus hogares, y podemos entender por qué les pasa esto, aún así la víctima debe separarse definitivamente y no correr ningún peligro, ni a través del teléfono, ni del correo ni a través de nada que venga de sus maltratador.

Lo ideal es que el maltratador tenga que salir de su casa, de su ciudad, de su familia, de su círculo de amigos, de su trabajo, el maltratador, no la víctima

Mientras esto no pase, y las leyes y fuerzas de seguridad no le permitan otra cosa la víctima debe huir por su vida, a paradero absolutamente desconocido.

Lo sé, es injusto. Pero **todo tipo de maltrato** lo es.

Nunca está justificado un maltrato del tipo que sea, y todos podemos ser, en ocasiones, maltratadores.

En caso de abuso sexual, incesto

Este caso es el de peor características de maltrato. Porque además ocurre en un amplio porcentaje de casos, de forma intrafamiliar. Esto significa que las personas que deben proteger a esas víctimas, son precisamente, las que abusan en su relación de poder, poder de las personas mayores sobre las personas menores en formación. En estos casos el proceso del perdón es muy difícil. Sobre todo porque la víctima deberá llevar sobre sí el daño, y deberá aprender a sobrevivir con esto, para tener una vida más o menos normal.

Entender qué pasó, por qué, y desprenderse del sentimiento de culpa, es fundamental.

Para las personas creyentes, cuando no es posible perdonar de "forma natural, simplemente humana", podemos acudir al Señor, nuestro buen Dios, que nos puede ayudar en este sentido.

Reclamaciones

¿Cómo reclamar cuando nos ofenden, nos maltratan?

Hay un apartado en el capítulo de las **habilidades sociales**, que tiene por nombre **asertividad**.

Se ha hablado y escrito mucho, muchísimo sobre los Derechos Humanos Universales.

Allí se describen los valores éticos-morales-relacionales con los que tenemos que manejarnos para la mejor convivencia posible entre los seres humanos.

Tratemos el valor del respeto, por ejemplo.

Sabemos que si no hay respeto entre las personas, no es posible una buena convivencia.

Son los mismos documentos consensuados que sugieren la **dignidad humana** como fundamento de los derechos. En el preámbulo de la Declaración y en el primer <considerando> de los Pactos Internacionales se dice "Considerando que la libertad, la justicia y la paz en el mundo tienen por base el reconocimiento de la dignidad intrínseca y de los derechos iguales e inalienables de todos los miembros de la familia humana" y los dos pactos añaden: "reconociendo que estos derechos se desprenden de la dignidad inherente de la persona humana".

De este modo, la dignidad humana sería el valor fundante básico. De él se derivarían valores como la libertad, igualdad, fraternidad, justicia, paz. Y éstos serían valores co-fundantes, coadyuvantes.

Teniendo en cuenta el valor fundamental, fundante, esto es que fundamenta los derechos humanos, y que es la **dignidad humana**, sabremos cómo manejarnos también para reclamar por nuestros derechos, pero claro, teniendo en cuenta a su vez, que esos mismos derechos son también para los demás.

Es en esta tesitura de ánimo que nos manejaremos.

¿Qué es la asertividad?

La asertividad, es más bien la forma de dirigirnos al otro para reclamar, pedir, exigir, que se nos concedan nuestros derechos, el respeto que se nos debe, ante nuestra persona, incluyendo, claro está, respeto por nuestros sentimientos. Y, a la vez, respetando nosotros los derechos y sentimientos del otro.

Dicho en otras palabras, tenemos derechos a descargar nuestra rabia (por ejemplo) pero sin herir al otro.

Esto es posible.

No sólo es deseable, es posible.

Es en el despacho de un psicólogo/a donde aprenderemos, no sólo qué es la *asertividad,* relacionado debidamente la teoría con la experiencia, sino además todo lo que comprende *habilidades sociales.*

Podemos y debemos exigir y respetar nuestros derechos y los derechos de los demás. Para esto es necesario, básico, el respeto tanto para los demás como para sí mismos.

Por lo tanto si pedimos algo, que nos corresponde, que tenemos derecho a ello, lo podemos invalidar descalificando a la otra persona. No hace ninguna falta caer en descalificaciones y menos aún en insultos hacia los demás pretendiendo que lo nuestro se sobreponga, en un nivel de prioridad.

Sólo debemos pedir lo que nos atañe, lo que nos corresponde, sin emitir ningún juicio de valor al respecto. Muchas veces cómo no sabemos pedirlo nos contenemos, o peor aún cómo no sabemos si nos podremos contener sin exabruptos, preferimos ni empezar con el pedido, la reclamación.

Hay tres formas de pedir, de exigir nuestros derechos: 1) el agresivo, 2) el permisivo y 3) el asertivo.

En el primer caso, *el agresivo*, sería pedirlo mal, con insultos, descalificaciones y en un tono alto, de forma violenta, colérica, como un ogro malo en los cuentos infantiles.

En el segundo caso, *el permisivo*, sería el caso de aquel que no pide, no exige y deja que se lo humille, pisotee; permitiendo las vejaciones que nunca deberían ocurrir.

En el tercer caso, *el asertivo*, es el caso en que la persona aunque alguna vez deje pasar algo generosamente, más o menos nimio porque es flexible, llegado el momento de pedir y exigir, ejerce sus derechos con altura y con un tono educado y tranquilo, respetuoso, pero con firmeza.

CONCLUSIONES

Creo que hay una sola forma de egoísmo aceptada por todos, y es esta: procurar nuestro bien, nuestro bienestar. "La caridad empieza por casa" dice un refrán, y es cierto, si nosotros no estamos bien no podremos ayudar a otros a estar bien.

En la Biblia encontramos que Dios nos pide que "amemos a nuestro prójimo como a nosotros mismos".

Analizando esto en forma superficial y sencilla, se desprende que la medida, la forma, que nosotros nos amamos a nosotros mismos, esa será la medida, la forma de amar a los demás, porque se nos dice: *cómo*.

De la manera en que te amas tu, de esa manera, cómo te amas tu, debes amar a los demás.

Por lo tanto para entender correctamente este pasaje bíblico, debemos simplemente darlo vuelta, así: "Como te amas a ti mismo, es como debes amar a tu prójimo" No me queda más remedio que empezar por mí.

Debo aprender a amarme, a respetarme a mí mismo para saber cómo amar, respetar a los demás. Porque esa es la medida.

También encontramos en la Biblia *"la regla de oro"*: "**así como quieras ser tratado, trata tu**". **Mat. 7:12; Luc. 6:31**

Tenemos que saber cómo tratarnos a nosotros mismos para saber cómo tratar a los demás esperando que la respuesta sea la correcta.

Si nosotros tratamos con dignidad al otro es muy probable que se nos trate de la misma forma.

Del trato de los demás depende el nuestro, aunque no en forma absoluta, pero ese es el trato que debemos dispensar, siempre.

Lo que no nos gustaría que nos hagan, eso es, precisamente, lo que no debemos hacer.

Pero siempre empezando por nosotros, Nosotros tenemos, poseemos el derecho a ser felices, y el deber de hacer felices a los demás en la medida de lo posible.

Si nosotros no aprendimos a ser felices, no podremos colaborar en la felicidad de los demás. Por eso este libro.

Por esto es que me he decidido a escribirlo. Hay muchos aspectos que tocar, pero el tema del perdón es un aspecto muy importante para nuestra supervivencia psíquica, mental, psico-física y de relación.

Relación a todo nivel, tanto vertical (esto es, con nuestro Creador), como horizontal (con nuestros semejantes).

Debemos aprender a recordar lo que nos conviene, a saber recordar sin compromiso emocional, y también aprenderemos a olvidar, no llevaremos lastre, y nos sentiremos, por fin, más ligeros en nuestro peregrinar por la vida.

También se hace necesario aprender tanto a perdonar como a pedir perdón. Es un arte que nos viene del conocimiento.

Nuestra tarea en desempeñarnos, siempre, dentro del marco de los valores morales, valores relacionales, valores pro-sociales.

Esto es, valores como la simpatía, la empatía, el preocuparse por los demás. Basados en el respeto, y fundamentados en la dignidad humana.

FIN

BIBLIOGRAFÍA

DECLARACIÓN UNIVERSAL DE DERECHOS HUMANOS. *w.w.w.un.org./spanish/aboutun/hrights.htm*

SANTA BIBLIA. Antigua versión de Casiodoro de Reina (1569). Revisión 1960. Sociedades Bíblicas Unidas, 1991